Inhaltsverzeichnis

1	Mein erster Schultag	4
2	Wohin gehst du?	10
3	Mach mit!	17
4	Mein Bein tut mir weh	22
5	Bruno zieht sich an	28
6	Bruno auf dem Markt	34
7	Bruno geht einkaufen	40
8	In der Bärenküche	44
9	Bruno hat Besuch	49
10	Im Zoo	54
	Quellenverzeichnis	60

Die Audio-Dateien finden Sie unter
www.cornelsen.de/webcodes – **Code: joyidu**

(3) Tracknummer (Audios Schülerbuch)

(7) Tracknummer (Audios Arbeitsheft)

☻ Hören

★ binnendifferenzierende Übung

1 Mein erster Schultag

1 Ordne die Schulsachen zu.

der Bleistift
der Kuli
die Schere
das Buch
die Federtasche
das Heft

2 Was ist das? Kreuze an.

☐ Das ist ein Bleistift.
☐ Das ist ein Lineal.
☐ Das ist ein Kuli.

☐ Das ist ein Bleistift.
☐ Das ist eine Schere.
☐ Das ist ein Heft.

☐ Das ist ein Radiergummi.
☐ Das ist eine Schere.
☐ Das ist ein Bleistift.

3 Was ist hier versteckt? Male die Schulsachen aus und schreibe die Namen.

1 – rot   2 – grün   3 – blau   4 – orange   5 – gelb   6 – braun   7 – weiß

BRUNO und ICH 2

Deutsch für Kinder

Arbeitsheft

 Audios online verfügbar unter cornelsen.de/webcodes. **Code: joyidu**

BRUNO und ICH | Deutsch für Kinder
Arbeitsheft

Redaktion: Maria Funk
Bildredaktion: Franziska Becker

Illustrationen sowie Puppe und Fotos „Bruno": Lidia Głażewska-Dańko, Józefów

Layoutkonzept: Heike Börner orangerie-berlin, Berlin
Technische Umsetzung: zweiband.media, Berlin
Umschlaggestaltung: LemmeDESIGN, Berlin

www.cornelsen.de

Soweit in diesem Buch Personen fotografisch abgebildet sind und ihnen von der Redaktion Namen, Berufe, Dialoge und Ähnliches zugeordnet oder diese Personen in bestimmten Situationen dargestellt werden, sind diese Zuordnungen und Darstellungen fiktiv und dienen ausschließlich der Veranschaulichung und dem besseren Verständnis des Buchinhalts.

2. Auflage, 1. Druck 2024
Alle Drucke dieser Auflage sind inhaltlich unverändert
und können im Unterricht nebeneinander verwendet werden.

© 2018 Cornelsen Verlag GmbH, Berlin

© PWN Wydawnictwo Szkolne sp. z o.o. sp.k., 2017

„ich und du neu 2" von Marta Kozubska, Ewa Krawczyk, Lucyna Zaştapiło
Redaktion: Teresa Stępniowska, Monika Mosakowska
Technische Redaktion: Maryla Broda

Das Werk und seine Teile sind urheberrechtlich geschützt.
Jede Nutzung in anderen als den gesetzlich zugelassenen Fällen bedarf der vorherigen schriftlichen Einwilligung des Verlages.
Hinweis zu §§ 60 a, 60 b UrhG: Weder das Werk noch seine Teile dürfen ohne eine solche Einwilligung an Schulen oder in Unterrichts- und Lehrmedien (§ 60 b Abs. 3 UrhG) vervielfältigt, insbesondere kopiert oder eingescannt, verbreitet oder in ein Netzwerk eingestellt oder sonst öffentlich zugänglich gemacht oder wiedergegeben werden. Dies gilt auch für Intranets von Schulen.

Schválilo MŠMT č. j.: MSMT-17931/2023-3 dne 18. 9. 2023 k zařazení do seznamu učebnic pro základní vzdělávání jako součást ucelené řady učebnic pro vzdělávací obor Cizí jazyk s dobou platnosti šest let.

Druck: Drukarnia Dimograf Sp. z o.o., Bielsko-Biała

ISBN: 978-3-06-120796-0

4 Löse das Kreuzworträtsel und schreibe das Lösungswort.

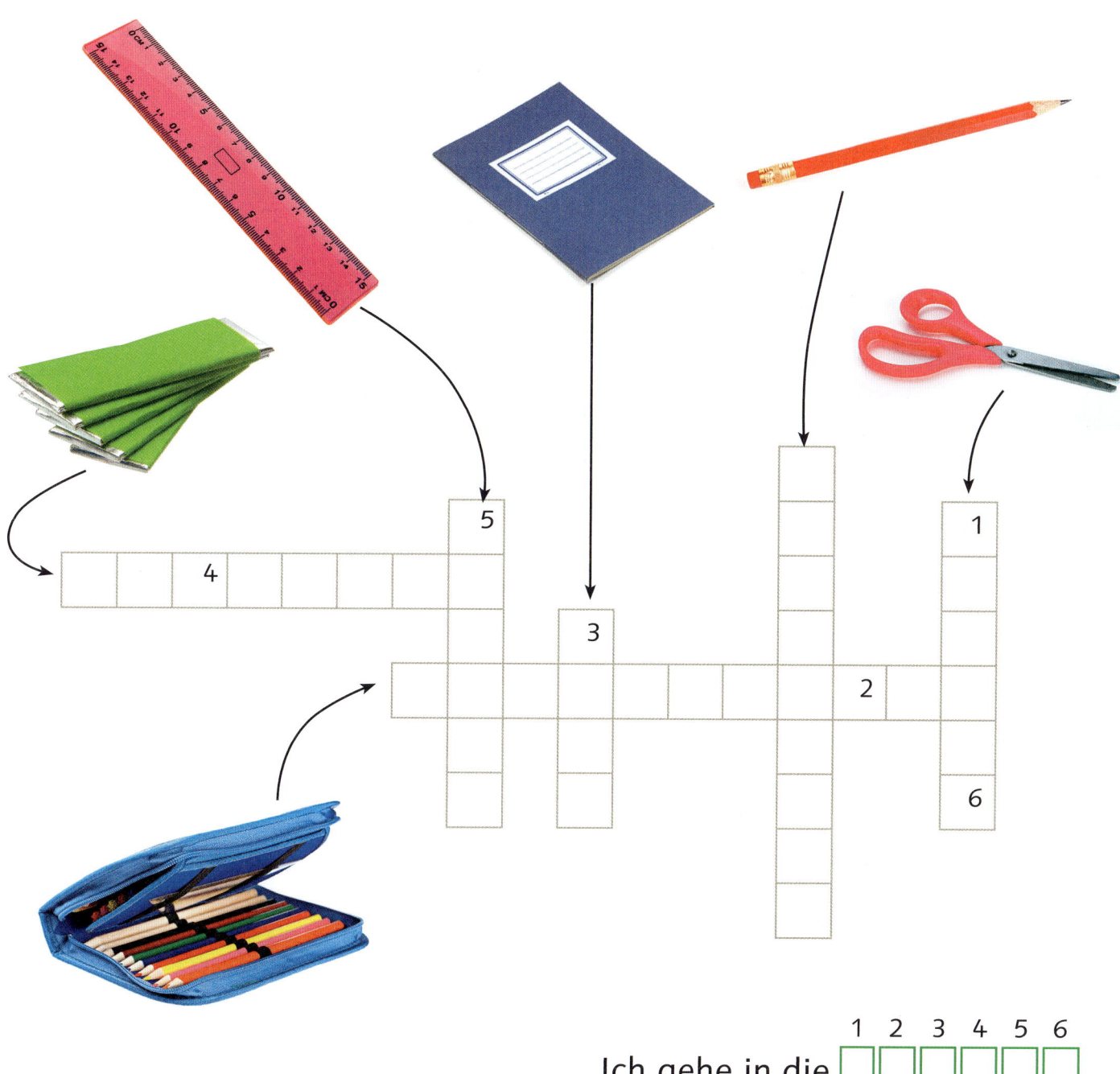

Ich gehe in die ☐☐☐☐☐☐.
         1 2 3 4 5 6

5 Ergänze die Buchstaben.
n u t c h n o c o g u i t d

die Z☐cker☐ü☐e

das Bo☐b☐n   das Li☐eal

die S☐h☐kola☐e   der Kau☐☐mm☐   die S☐☐ere

6 Male aus wie viele Bonbons jedes Kind bekommen hat.

Anna zwei

Jakob sechs

Tim zehn

Nora fünf

7 ★ ② 🙂

Wie alt sind die Kinder? Hör zu und kreuze an.

Anna	Nora	Jakob
7 ☐	6 ☐	8 ☐
8 ☐	7 ☐	9 ☐

6 sechs

8 ★ Was sagen die Kinder? Ergänze die Sätze.

9 Zeichne eine Zuckertüte in dein Heft und male sie aus.

10 🔘8 🎧

Höre das Lied „Meine Schule" noch einmal.
Ergänze die Sätze.

In die ☐ geh' ich gerne,

rechnen, malen will ich lernen.

Meine Güte, meine Güte,

wo ist meine ☐ ?

In der ☐ schreib' ich Sätze,

lerne Zahlen, löse Rätsel.

Meine Güte, meine Güte,

wo ist meine ☐ ?

◀ Zuckertüte
◀ Schule
◀ Zuckertüte
◀ Schule

11 Male aus und schreibe die Sätze.

Ich gehe in die Schule.
Ich packe meine Schultasche.

8 acht

Ich male
meine Zuckertüte.

Ich schreibe
Sätze.

Ich löse
Rätsel.

Ich lerne
Zahlen.

neun 9

2 Wohin gehst du?

1 Wohin gehen die Kinder? Kreuze an.

☐ Ich gehe in den Park.
☐ Ich gehe in den Zirkus.

☐ Ich gehe auf den Sportplatz.
☐ Ich gehe in den Zoo.

☐ Ich gehe in den Zirkus.
☐ Ich gehe in die Schule.

☐ Ich gehe in den Park.
☐ Ich gehe ins Kino.

2 Male das richtige Bild aus.

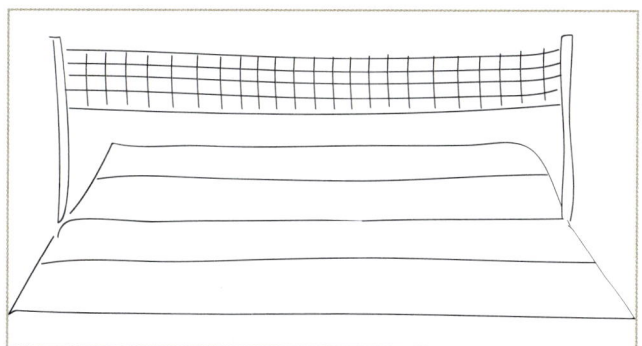 

① Ich gehe auf den Sportplatz.

② Ich gehe in den Zirkus.

③ Ich gehe zu Nora.

3

Wohin gehen die Kinder? Hör zu und kreuze an.

☐ in die Schule ☐ in den Zoo
☐ zu Anna ☐ in den Zirkus
☐ zu Paul ☐ auf den Sportplatz

elf 11

4 Streiche jeden zweiten Buchstaben durch. Was liest du? Schreibe den Satz.

IRCEHZGIESHVETAMUNFODREBNCSKPLOTRWTYPZLDAJTSZ

_____

_____

5 Wohin gehst du? Ergänze die Sätze.

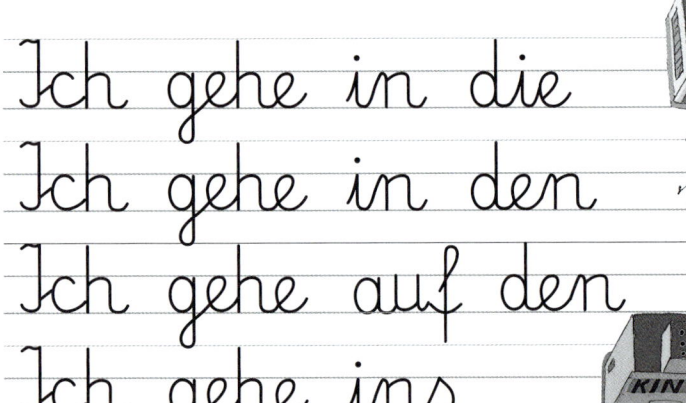

Ich gehe in die _____
Ich gehe in den _____
Ich gehe auf den _____
Ich gehe ins _____

6 Was machen die Kinder? Schreibe den richtigen Buchstaben.

1 ☐

2 ☐

a) Ich gehe in die Schule.

b) Ich gehe in den Park.

3 ☐

4 ☐

c) Ich gehe in den Zirkus.

d) Ich gehe zu Nora.

5 ☐

6 ☐

e) Ich gehe auf den Sportplatz.

f) Ich gehe auf den Spielplatz.

7 Wohin geht Lukas? Male das Bild aus und kreuze an.
1 – grün   2 – rot   3 – gelb   4 – blau   5 – orange   6 – schwarz   7 – braun

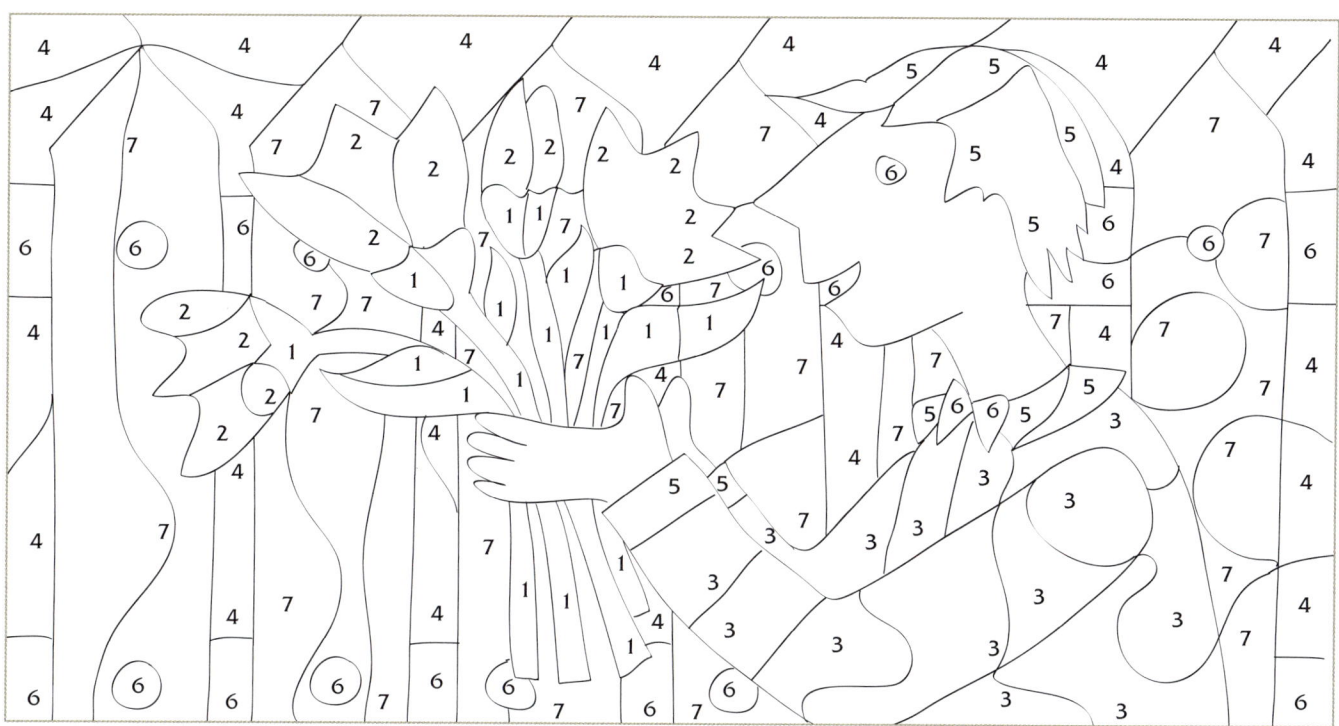

☐ Ich gehe ins Kino.
☐ Ich gehe in den Park.
☐ Ich gehe in den Zoo.
☐ Ich gehe zu Anna.

8 Löse das Rätsel und schreibe die Wörter.

●	✪	✓	☞	▲	◆	✶	✤	○	✂	■	♥	◗	→
K	I	O	N	P	R	A	S	H	C	U	E	Z	L

1. Ich gehe ins ● ✪ ☞ ✓ .

2. Ich gehe in den ▲ ✶ ◆ ● .

3. Ich gehe in die ✤ ✂ ○ ■ → ♥ .

4. Ich gehe in den ◗ ✓ ✓ .

dreizehn 13

9 Richtig oder falsch? Kreuze an.

Paul geht ins Kino.
☐ Ja.　☐ Nein.

Tim geht auf den Sportplatz.
☐ Ja.　☐ Nein.

Nora geht in die Schule.
☐ Ja.　☐ Nein.

Anna geht in den Zoo.
☐ Ja.　☐ Nein.

10 Wie heißen die Wörter? Ergänze die Buchstaben.
S B S Z S B S Z

☐ irkus
☐ oo
☐ onbon
☐ uch

☐ pielplatz
☐ portplatz
☐ chere
☐ chule

14　vierzehn

11 ⭐ Was sagen die Kinder? Ergänze die Sätze.

12 Was machst du gerne? Male in dein Heft.

13 16 🎧

Höre das Lied „Heute ist ein schöner Tag" noch einmal. In welcher Reihenfolge hörst du die Wörter? Verbinde.

3 Mach mit!

1 Was sollen die Kinder machen? Ordne zu.

Spring Seil! ▶
Kletter! ▶
Spiel Tischtennis! ▶
Wirf den Ball! ▶
Turne! ▶
Lauf! ▶

2 Was soll Lisa machen? Kreuze an.

3 Was passt zusammen? Verbinde.

Spring   Tischtennis!

Spiel   den Ball!

Wirf   Zahlen!

Lerne   Seil!

4 ⭐ ④

Was hörst du? Kreuze an.

☐ Lauf! ☐ Kletter!
☐ Wirf den Ball! ☐ Spring!

5 Schreibe die Aufforderungen.

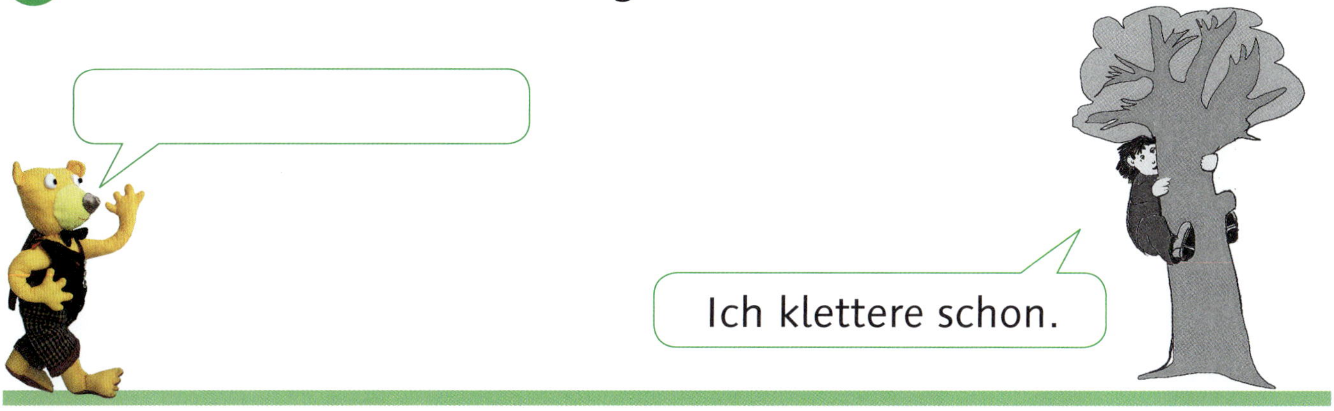

Ich klettere schon.

Gut. Ich laufe.

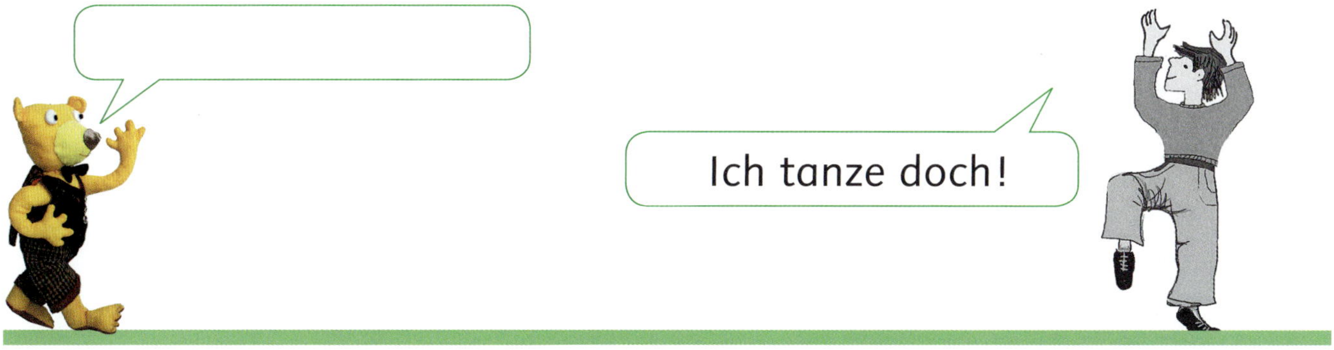

Ich tanze doch!

Ich schwimme schon.

neunzehn 19

6 Was sagen die Personen? Ergänze die Sätze.

7 Male in dein Heft, was du jetzt gerne machen möchtest.

8 24 🎧

Höre das Lied „Wenn du Lust hast..." noch einmal.
Kreuze an, was du hörst.

9 Wähle einen Satz und schreibe eine neue Liedstrophe.

| gehe in den Park | tanze Rock'n Roll | trinke Apfelsaft |

Wenn du Lust hast, _____
_____.

einundzwanzig 21

4 Mein Bein tut mir weh

1 Schreibe die Körperteile.

22 zweiundzwanzig

2 Was ist das? Kreuze an.

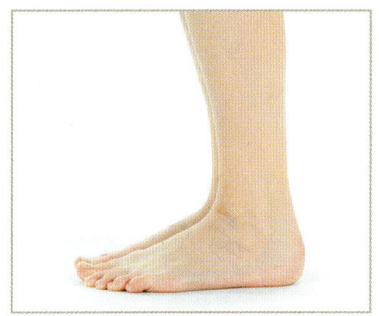
☐ das Bein
☐ die Nase

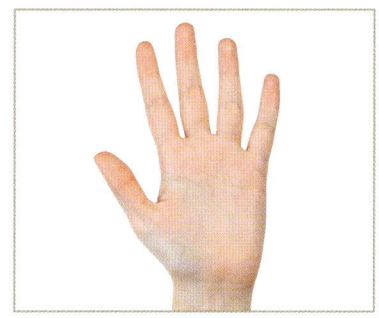
☐ der Fuß
☐ die Hand

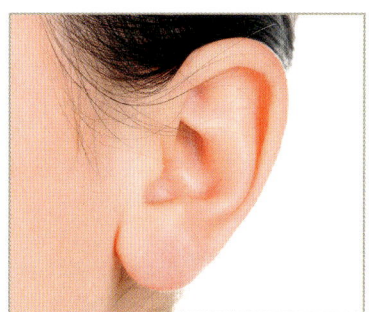
☐ das Auge
☐ das Ohr

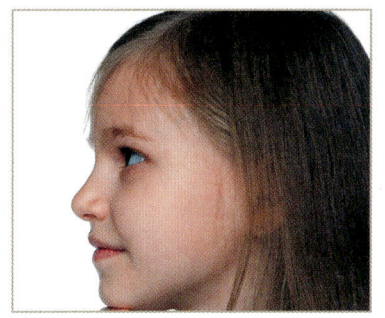
☐ der Kopf
☐ der Finger

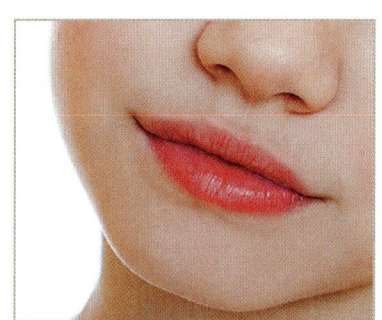
☐ die Hand
☐ der Mund

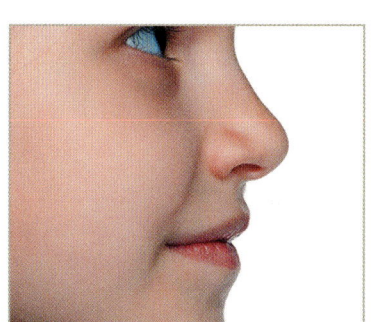
☐ die Nase
☐ der Fuß

3 Finde die Körperteile im Rätsel und markiere sie.

I	J	I	I	H	A	N	D	M	A	K	S	T
N	N	P	K	E	K	D	E	E	T	E	P	B
O	A	C	O	N	O	S	H	E	Z	G	P	E
H	A	M	P	T	E	R	J	T	E	W	A	I
R	E	P	F	P	A	G	E	O	A	K	K	N
N	N	N	N	C	T	Y	I	H	A	P	O	A
S	C	O	I	L	D	K	A	U	G	E	M	N

4 In welchem Feld sind die Körperteile? Ergänze die Sätze.

	A	B	C	D
1	Bein	Blume	Blume	Auge
2	Blume	Blume	Hand	Blume
3	Blume	Kopf	Blume	Blume
4	Ohr	Blume	Blume	Finger

Wo ist das Bein?
Das Bein ist in A1.

Wo ist das Auge?
Das Auge ist in _____.

Wo ist der Finger?
Der Finger ist in _____.

Wo ist der Kopf?
Der Kopf ist in _____.

Wo ist die Hand?
Die Hand ist in _____.

Wo ist das Ohr?
Das Ohr ist in _____.

5 Streiche alle Körperteile in der Schlange durch.
Welche Wörter bleiben übrig? Schreibe den Satz.

_____

_____

6 Was tut Anna weh? Zeichne.

Mein Kopf tut mir weh.

Mein Finger tut mir weh.

Mein Auge tut mir weh.

Mein Bein tut mir weh.

7 Wie heißen die Wörter? Ergänze die Buchstaben.
H M O K B F N

☐opf ☐hr ☐ein ☐und
☐ase ☐uß ☐and

fünfundzwanzig 25

8 ★ Was sagen die Personen? Ergänze die Sätze.

9 Mit wem möchtest du tanzen? Schreibe in dein Heft.

10 32 🎧

Hör das Lied „Tanz mit mir" noch einmal. Verbinde die Körperteile mit den Geräuschen.

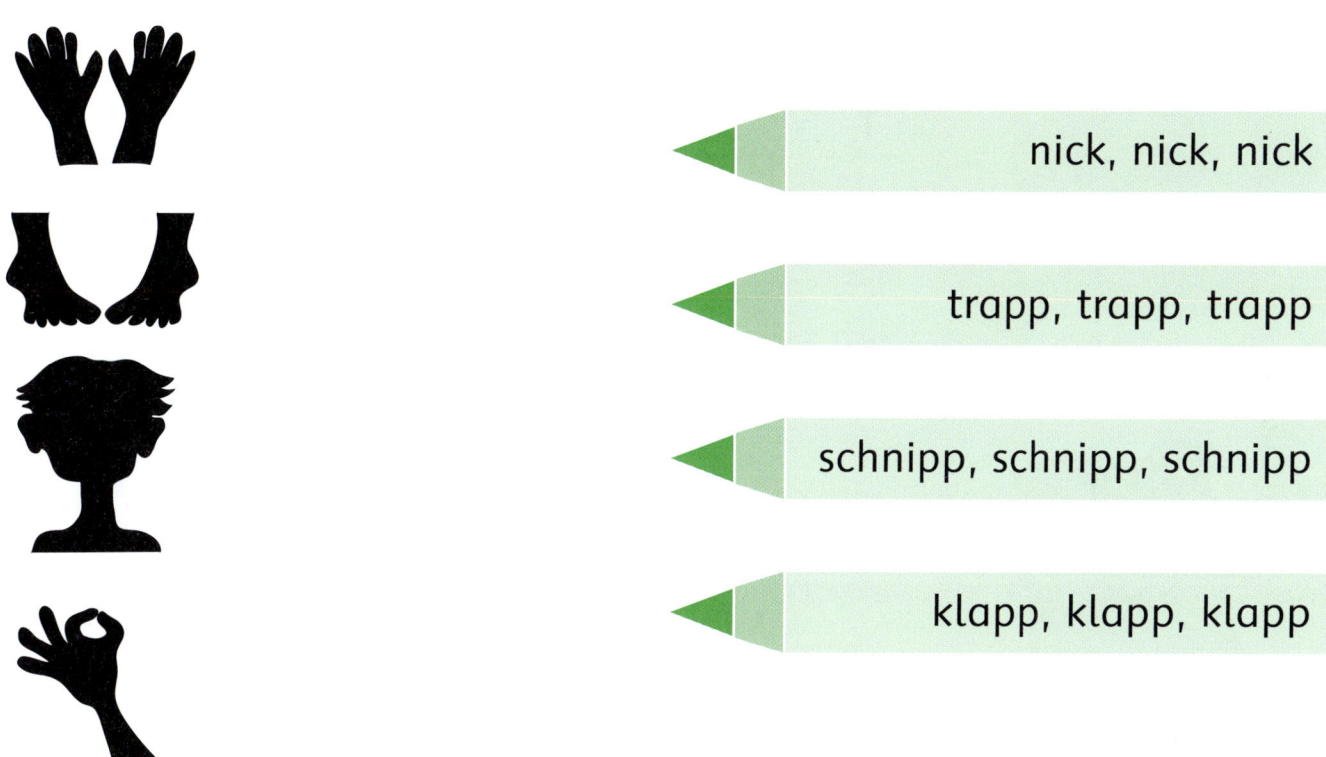

nick, nick, nick

trapp, trapp, trapp

schnipp, schnipp, schnipp

klapp, klapp, klapp

11 Wie findest du das Lied? Kreuze an.

☐ Prima!   ☐ So lala.   ☐ Doof!
☐ Super!   ☐ Es geht.   ☐ Langweilig!

siebenundzwanzig

5 Bruno zieht sich an

1 Ordne zu und schreibe die Zahlen in die Kästchen.

2 Lies den Text und male die Puppen aus.

Das Kleid ist rot. Die Mütze ist gelb.
Die Schuhe sind grün. Der Mantel ist braun.
Die Hose ist blau. Das Hemd ist grau.
Die Jacke ist schwarz. Die Weste ist orange.

3 Welche Kleidungsstücke haben sich versteckt? Kreuze an.

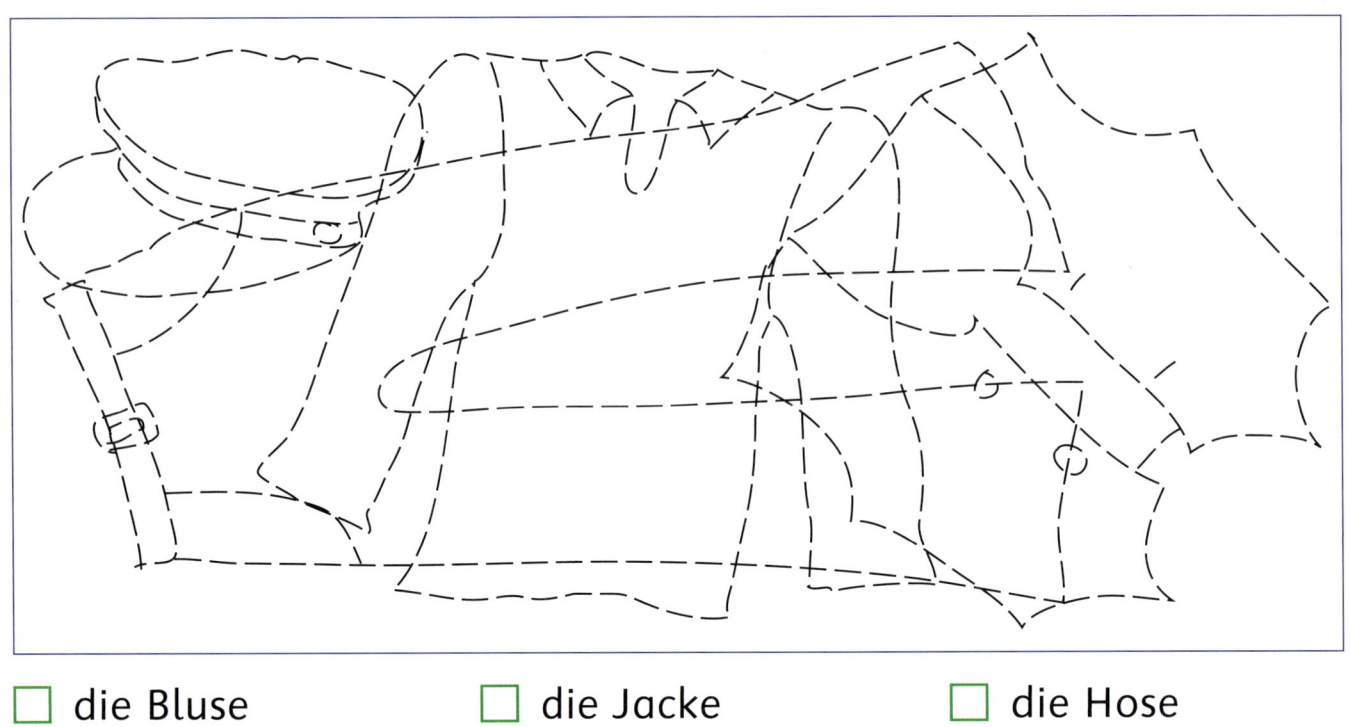

☐ die Bluse   ☐ die Jacke   ☐ die Hose
☐ die Weste   ☐ die Mütze   ☐ die Schuhe
☐ das Kleid   ☐ der Mantel ☐ der Rock

4

Hör zu und male die Kleidung der Kinder mit der richtigen Farbe aus.

5 Welche Kleidungsstücke fehlen den Kindern?
Male und schreibe.

6 Male die Kleidungsstücke aus und schreibe die Namen.
1 – gelb 2 – grün 3 – rot 4 – braun 5 – schwarz 6 – blau 7 – orange

einunddreißig 31

7 ★ Was sagen die Kinder? Ergänze die Sätze.

8 Male einen Hampelmann.

9 (40) 🎧

Höre das Lied „Der Hampelmann" noch einmal. Male die Kleidung vom Hampelmann wie im Lied aus.

6 Bruno auf dem Markt

1 Wie heißen die Lebensmittel? Ergänze die Wörter.

2 Streiche alle Lebensmittel durch. Welche Buchstaben bleiben übrig? Schreibe den Satz.

K A R O T T E N I G U R K E N C H P E T E R S I L I E G E P A P R I K A H Z W
I E B E L N E K A R T O F F E L N A U O R A N G E N F T O M A T E N D E K I
R S C H E N N Ä P F E L M A B I R N E N R T R A U B E N K T B A N A N E N

3 Was ist im Korb? Kreuze an.

- ☐ Äpfel
- ☐ Birnen
- ☐ Paprika
- ☐ Pflaumen
- ☐ Gurken
- ☐ Tomaten
- ☐ Kirschen
- ☐ Zwiebeln

4 Was isst du gerne? Schreibe den richtigen Buchstaben.

1 ☐
2 ☐
3 ☐
4 ☐
5 ☐
6 ☐

a) Ich esse gern Karotten.

b) Ich esse gern Tomaten.

c) Ich esse gern Kartoffeln.

d) Ich esse gern Zwiebeln.

e) Ich esse gern Gurken.

f) Ich esse gern Kirschen.

5 Richtig oder falsch? Kreuze an.

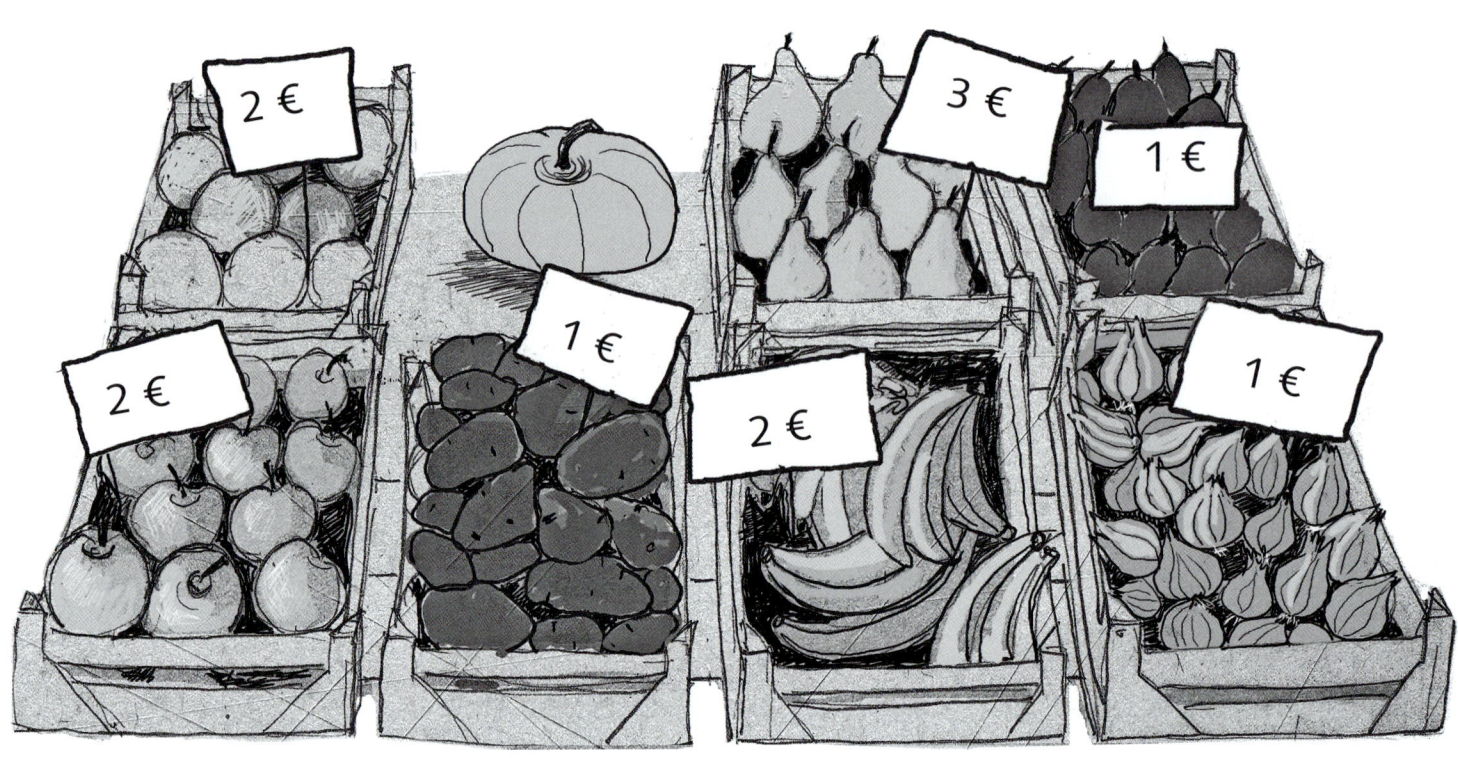

Die Äpfel kosten 2 Euro.	☐ Ja.	☐ Nein.
Die Birnen kosten 2 Euro.	☐ Ja.	☐ Nein.
Die Bananen kosten 1 Euro.	☐ Ja.	☐ Nein.
Die Kartoffeln kosten 1 Euro.	☐ Ja.	☐ Nein.
Die Zwiebeln kosten 3 Euro.	☐ Ja.	☐ Nein.

6 ★ ⑥

Welches Gemüse hörst du? Kreuze an.

☐ Zwiebeln   ☐ Kartoffeln   ☐ Petersilie   ☐ Paprika
☐ Gurken   ☐ Tomaten   ☐ Karotten

7 Spielt Szenen wie im Comic.

8 ⭐ Was sagen die Kinder? Ergänze die Sätze.

9 Welches Obst und Gemüse isst du am liebsten? Male in dein Heft.

10 (47) 🎧

Höre das Gedicht „Obst und Gemüse" und ergänze die Sätze.

Ich möchte Obst und Gemüse.

Ich möchte ein Pfund _____
für meine ganze Familie.

Ich möchte _____ ,

_____ für meinen lieben Vater.

Ich möchte _____ ,

_____ für meine gute Laune.

Ich möchte _____ ,

_____ für meine Tante Charlotte.

11 Welches Obst und Gemüse versteckt Bruno in seinem Zimmer? Male das Bild aus und kreuze an.

☐ Bananen   ☐ Birnen   ☐ Äpfel
☐ Karotten   ☐ Zwiebeln   ☐ Paprika

7 Bruno geht einkaufen

1 Wie heißen die Lebensmittel? Verbinde jedes Bild mit einer anderen Farbe.

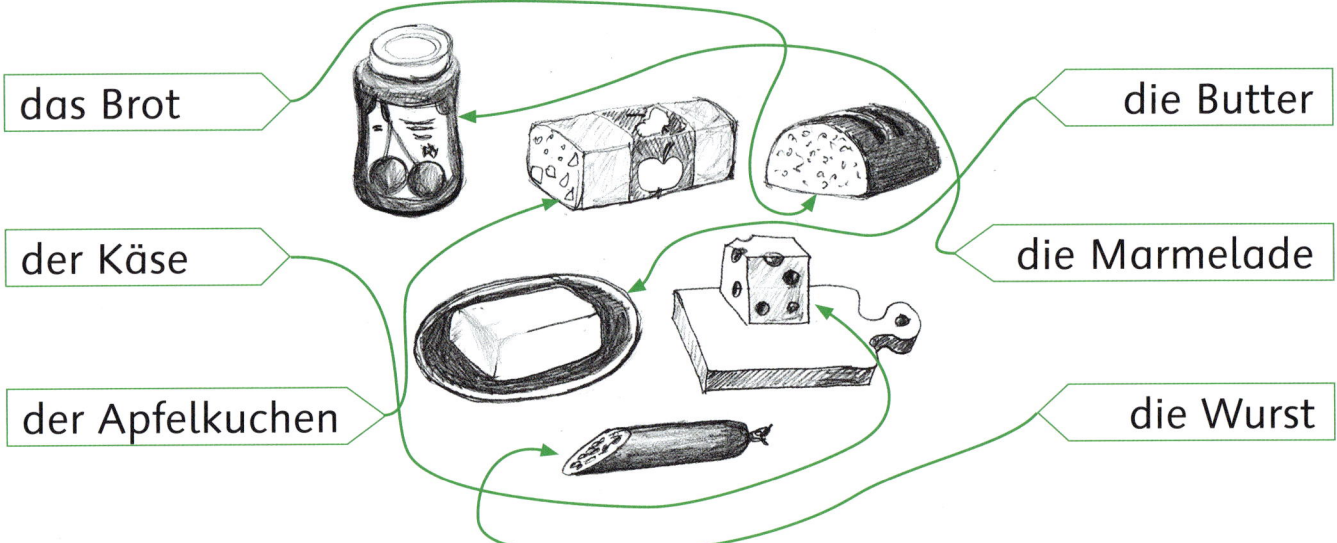

das Brot

der Käse

der Apfelkuchen

die Butter

die Marmelade

die Wurst

2 Wie heißen die Lebensmittel? Löse das Kreuzworträtsel.

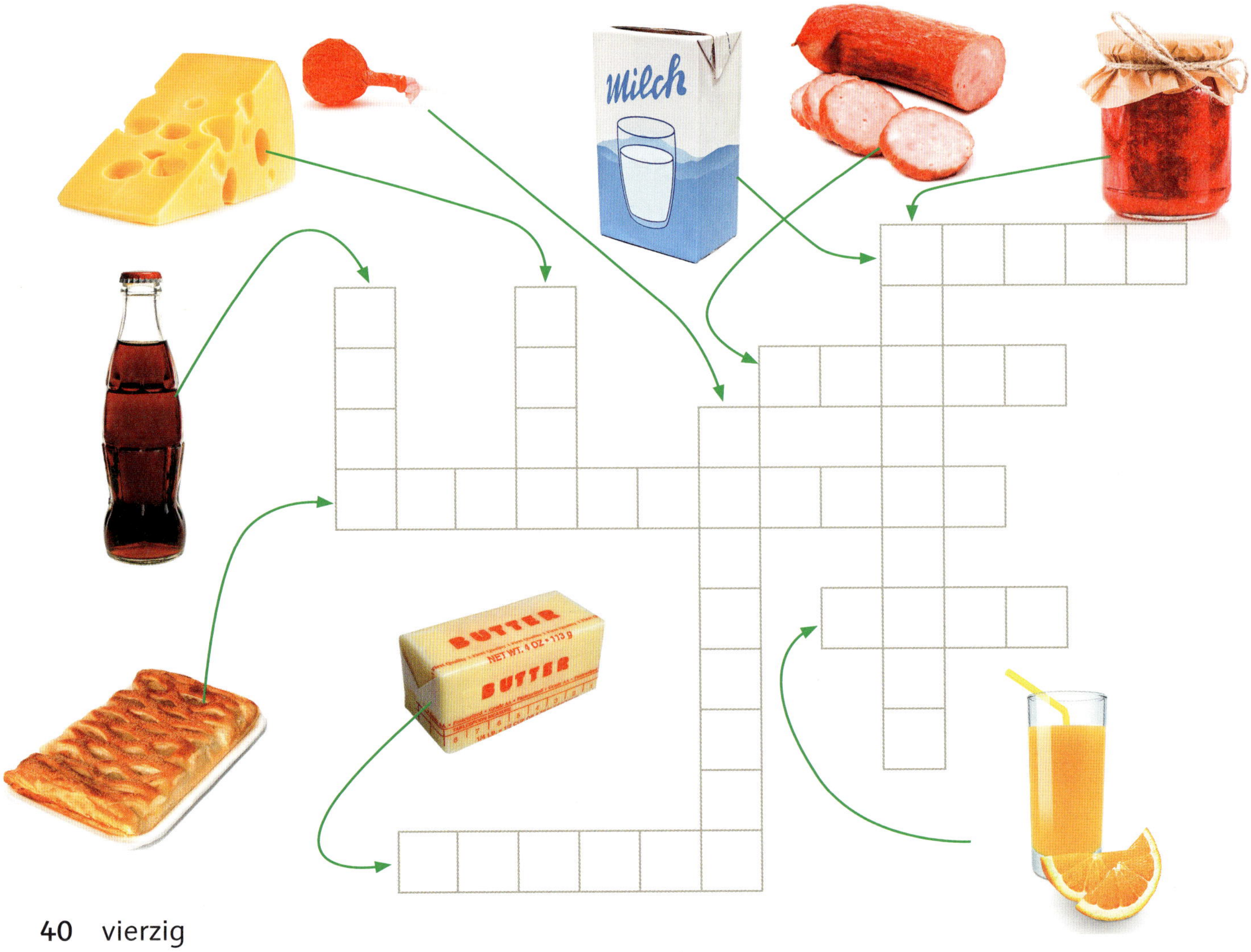

40 vierzig

3 Schreibe die Lebensmittel.

Ich möchte ⬚ ⬚ ⬚ ⬚

⬚ , ⬚ , ⬚ , ⬚ , ⬚ .

4 Schreibe die Sätze fertig und zeichne die Lebensmittel.

Ich möchte Brot mit W_____.
Ich möchte Tee mit M_____.
Ich möchte Brot mit K_____.
Ich möchte Apfelkuchen_____.

5 ★ Was sagen die Personen? Ergänze die Sätze.

6 Zeichne in dein Heft Lebensmittel, die du oft einkaufst.

7 🎧 (54)

Höre das Lied „Im Laden" noch einmal und ergänze die Sätze.

Schinken | Marmelade | Brot | Wasser | Saft | Butter | Lutscher | Kuchen | Tomaten

Ich gehe in den Laden
und kaufe _____ .

Ich kaufe _____ und _____ ,
_____ und _____ zum Trinken.

Im Laden, im Laden ist alles zu haben.
Im Laden, im Laden ist alles zu haben.

Ich gehe ohne Mutter
und kaufe ein Stück _____ .

Ich kaufe _____ , _____ ,
_____ muss ich suchen.

Im Laden, im Laden ist alles zu haben.
Im Laden, im Laden ist alles zu haben.

8 Wie heißen die Wörter? Ergänze die Buchstaben.
C B L M K S

☐utscher ☐armelade ☐utter
☐uchen ☐ola ☐aft

8 In der Bärenküche

1 Wie heißen die Lebensmittel?

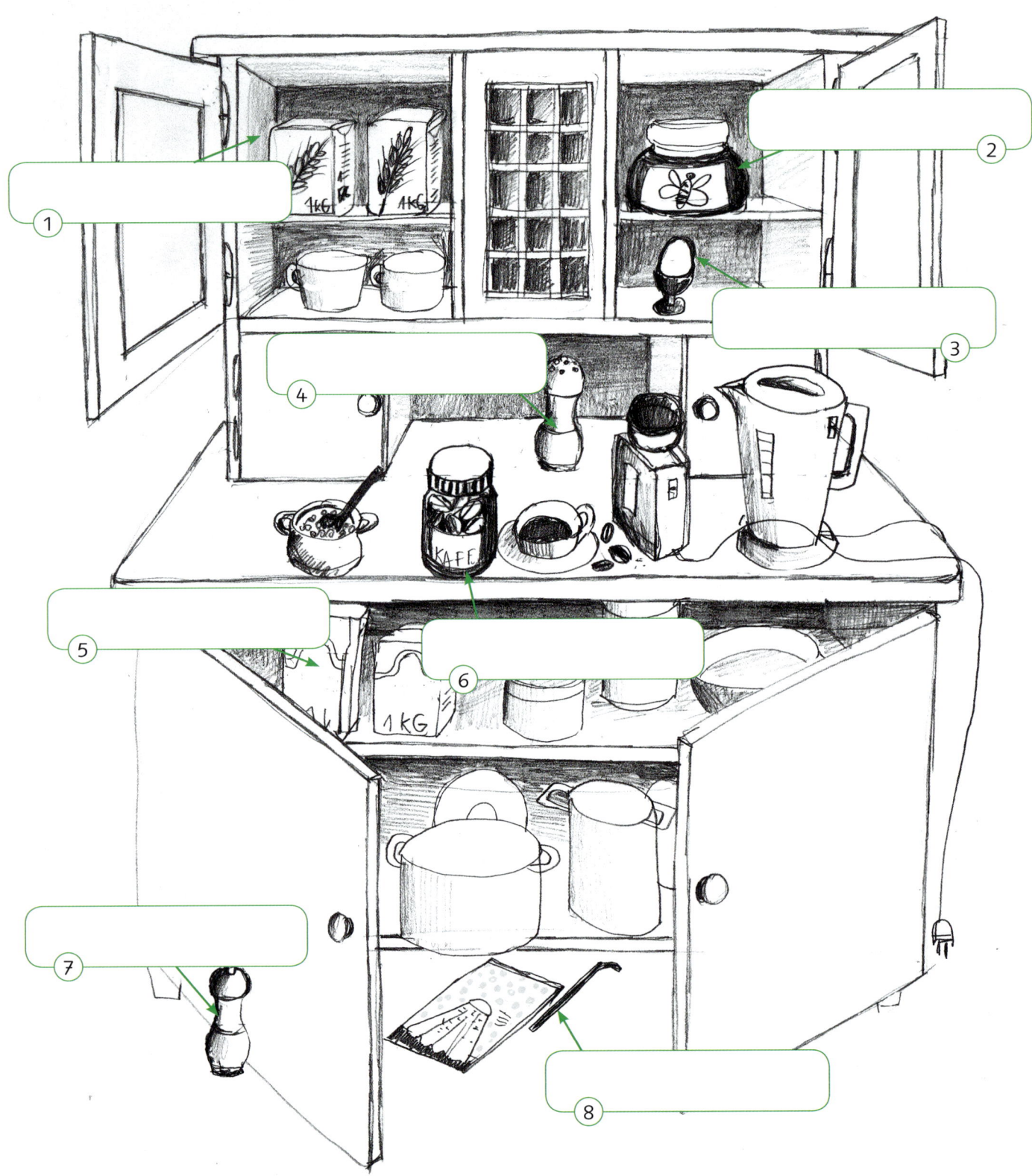

44 vierundvierzig

2 In welchem Feld sind die Lebensmittel? Ergänze die Sätze.

	A	B	C	D
1				
2				
3				
4				

Wo ist der Pfeffer? Der Pfeffer ist in ☐ .

Wo ist das Ei? Das Ei ist in ☐ .

Wo ist der Kaffee? Der Kaffee ist in ☐ .

Wo ist der Honig? Der Honig ist in ☐ .

Wo ist das Mehl? Das Mehl ist in ☐ .

3 Streiche alle Lebensmittel durch. Welche Buchstaben bleiben übrig? Schreibe das Wort.

ZUCKERGUSALZTENPFEFFERAPKAFFEEPEMEHLTITEIHONIG

_____

4 Wie heißen die Wörter? Ergänze die Buchstaben.
  a e e o u e i e a e e

der Z☐ck☐r   der Pf☐ff☐r   das S☐lz

der K☐ff☐☐   der H☐n☐g   das M☐hl

fünfundvierzig 45

6 Richtig oder falsch? Kreuze an.

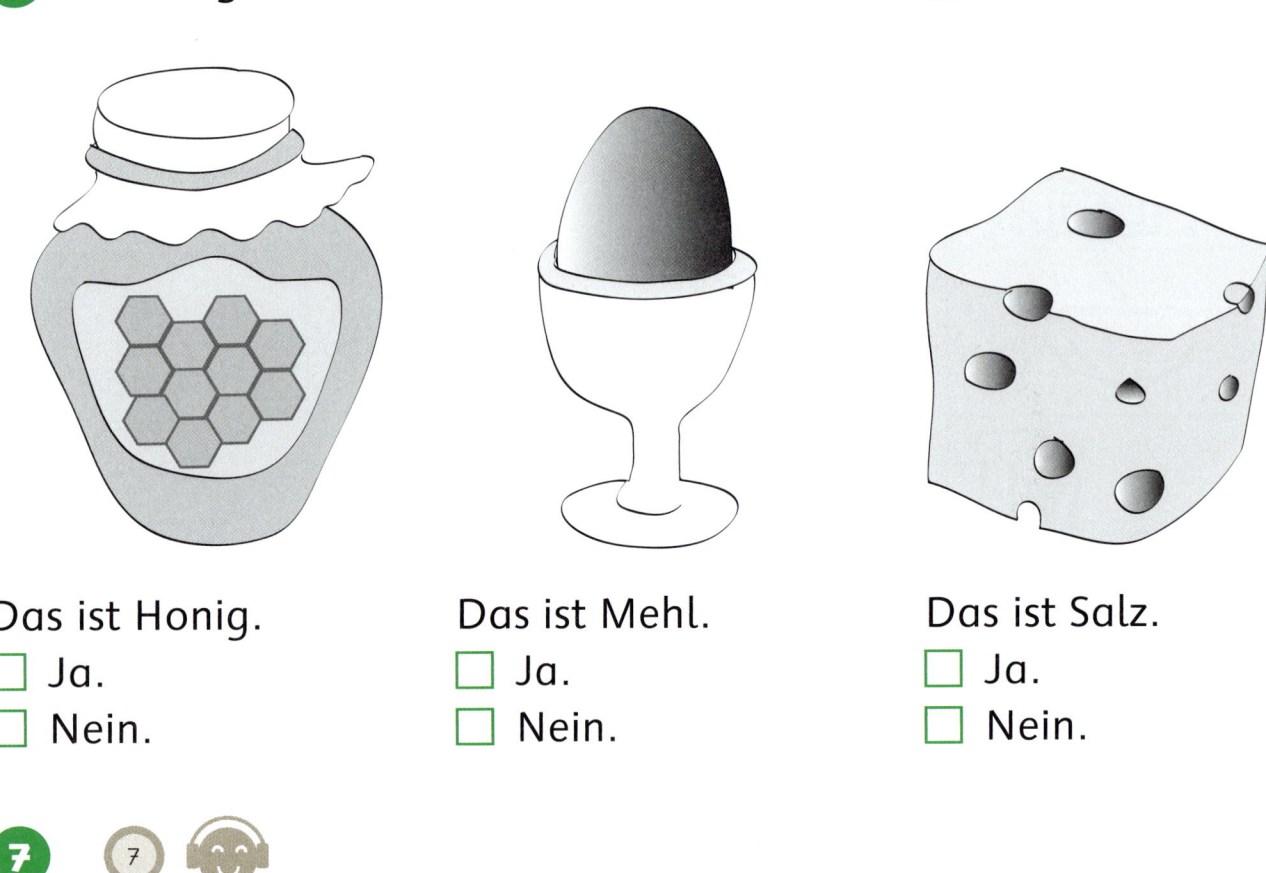

Das ist Honig.
☐ Ja.
☐ Nein.

Das ist Mehl.
☐ Ja.
☐ Nein.

Das ist Salz.
☐ Ja.
☐ Nein.

7

Welche Lebensmittel hörst du? Kreuze an und male sie.

☐ Mehl   ☐ Eier   ☐ Pfeffer   ☐ Butter
☐ Salz   ☐ Zucker   ☐ Honig   ☐ Kaffee

8 ⭐ Was sagen die Personen? Ergänze die Sätze.

9 Was ist dein Lieblingskuchen oder deine Lieblingstorte? Zeichne sie in dein Heft.

10 🔘62 🎧

Höre das Lied „Backen macht Spaß" noch einmal.
Welche Lebensmittel hörst du? Kreuze an.

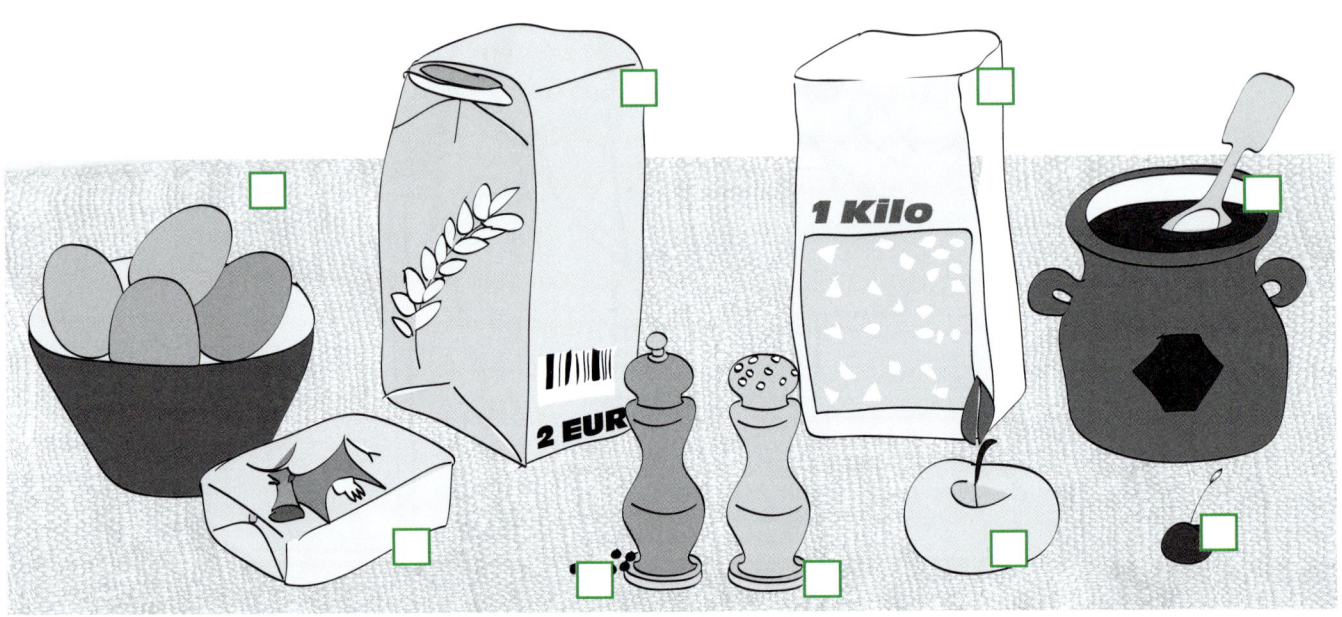

11 Male das Bild aus und schreibe den Satz.
1 – schwarz 2 – braun 3 – rot 4 – orange 5 – gelb 6 – grün

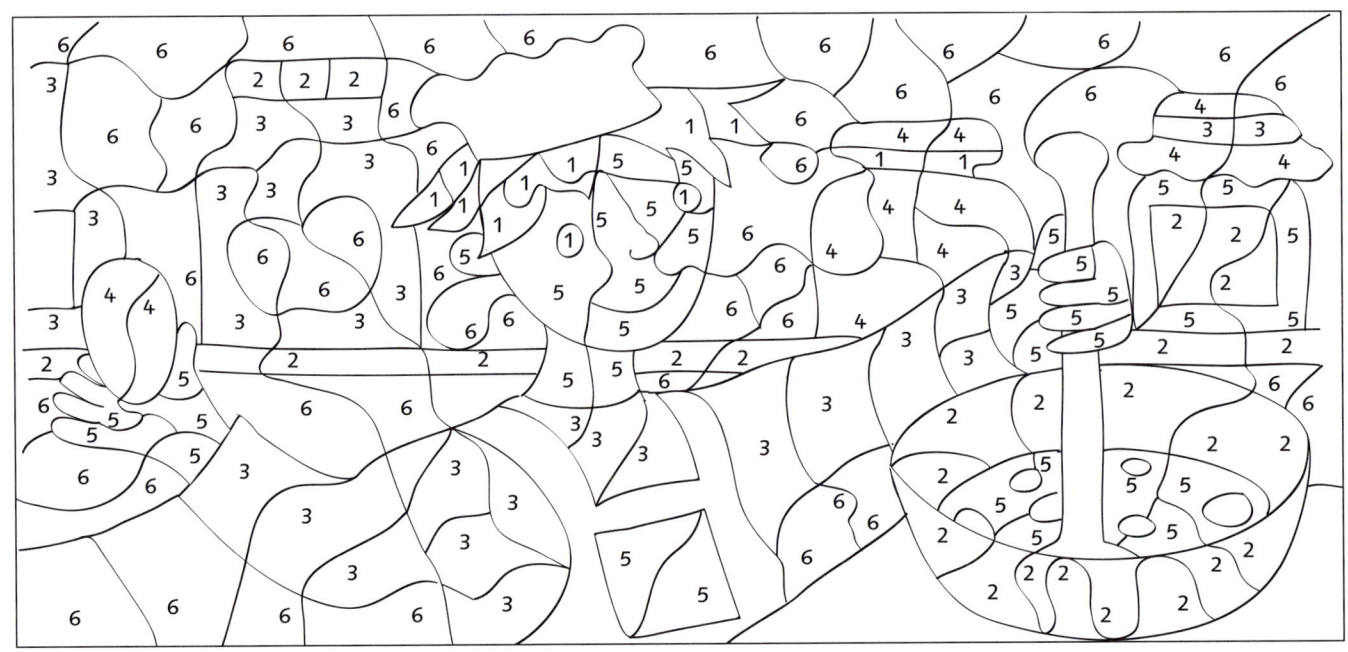

Ich backe eine					.

9 Bruno hat Besuch

1 Löse das Rätsel und schreibe die Namen der Tiere.

eins	zwei	drei	vier	fünf	sechs	sieben	acht	neun	zehn	elf	zwölf
K	A	T	E	H	Z	M	U	N	D	S	R

5	8	9	10

1	2	3	6	4

7	2	8	11

5	2	7	11	3	4	12

2 Was ist richtig? Kreuze an.

①

☐ Das ist eine Ratte.
☐ Das ist eine Katze.

②

☐ Das ist ein Kaninchen.
☐ Das ist ein Pferd.

③

☐ Das ist ein Hamster.
☐ Das ist ein Papagei.

④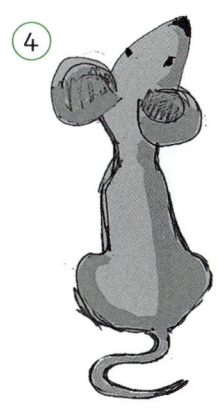

☐ Das ist eine Schildkröte.
☐ Das ist eine Maus.

neunundvierzig 49

3 Male das Bild aus. Welche Tiere siehst du? Kreuze an.
* – balu   @ – braun   % – rot   # – orange   ? – gelb   + – grün

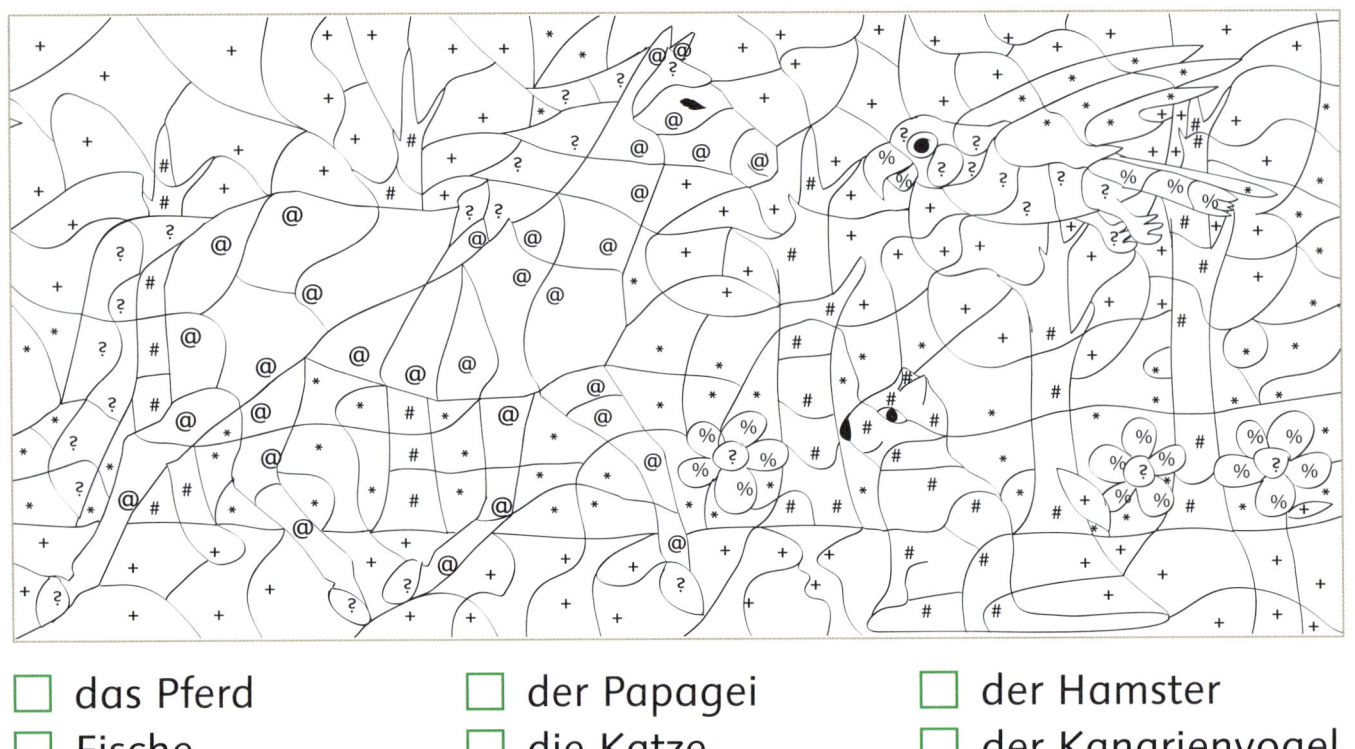

☐ das Pferd   ☐ der Papagei   ☐ der Hamster
☐ Fische   ☐ die Katze   ☐ der Kanarienvogel

4

Hör zu. Welche Tiere hörst du? Kreuze an.

5 Welche Haustiere haben die Kinder?

Anna

Paul

Nora

Jakob

6 Welche Tiere siehst du? Rate und ergänze die Sätze.

Eine Katze oder ein Hund?

Das ist _____.

Eine Ratte oder ein Hund?

Das ist _____.

Ein Papagei oder ein Hamster?

Das ist _____.

Eine Schildkröte oder eine Maus?

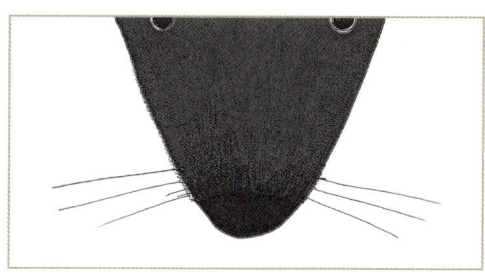

Das ist _____.

einundfünfzig 51

7 ★ Was sagen die Kinder? Ergänze die Sätze.

8 Male dein Lieblingstier in dein Heft.

9 🎧

Höre das Lied „Tiere in meiner Familie" noch einmal und kreuze an, welche Tiere du im Lied hörst.

☐ ein Papagei
☐ ein Pferd
☐ ein Schwein
☐ eine Maus
☐ eine Gans
☐ ein Hund
☐ eine Ratte
☐ ein Hamster
☐ eine Katze

10 Welche Tiere siehst du im Bild? Kreuze an.

☐ eine Ratte
☐ eine Katze
☐ ein Hund
☐ eine Schildkröte
☐ ein Fisch
☐ ein Pferd
☐ ein Kaninchen
☐ ein Papagei
☐ eine Maus
☐ eine Gans

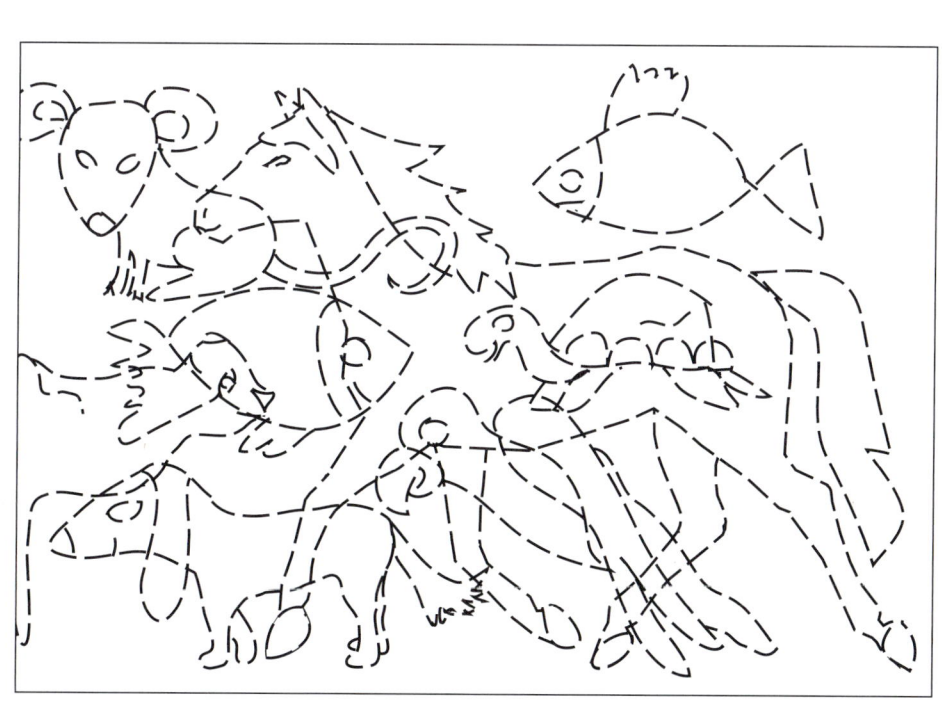

dreiundfünfzig 53

10 Im Zoo

1 Wie heißen die Tiere? Verbinde die Tiere mit dem richtigen Schild.

2 Welches Tier ist richtig? Lies und kreuze an.

Das ist eine Robbe.

Das ist ein Löwe.

Das ist ein Affe.

Das ist ein Känguru.

3 Wie heißen die Tiere? Löse das Kreuzworträtsel.

fünfundfünfzig 55

4

Hör zu und male die Tiere in der richtigen Farbe aus.

①  ②

③  ④

5 Wo findest du die Tiere? Verbinde.

der Elefant

das Zebra

die Katze

der Hund

das Kamel

der Löwe

der Pinguin

die Maus

das Känguru

die Gans

zu Hause

im Zoo

6 ⭐ Was sagen die Kinder? Ergänze die Sätze.

7 Welche Tiere wohnen im Wasser? Male sie in dein Heft.

8 Male das Bild aus.
1 – grün 2 – rot 3 – blau 4 – braun 5 – gelb 6 – schwarz
7 – orange 8 – weiß

9

Höre das Lied „Das Krokodil" noch einmal und kreuze an.

1. Das ist ☐ ein Zebra.
   ☐ ein Krokodil.
   ☐ ein Pferd.

2. Das Krokodil ist ☐ faul.
   ☐ lustig.
   ☐ rund.

3. Das Krokodil kann ☐ singen.
   ☐ schwimmen.
   ☐ rennen.

Abbildungsverzeichnis

Shutterstock: 5 (4) Africa Studio (Bleistift); **5 (4)** Bjoern Wylezich (Heft); **5 (4)** CWIS (Kaugummi); **5 (4)** Hiippo rastafari (Schere); **5 (4)** m.bonotto (Lineal); **5 (4)** Rafa Irusta (Federmappe); **6** Brocreative (Jakob); **6** Caftor (Tim); **6** Lopolo (Nora); **6** NataSnow (Anna); **7 ob.** Olha Tsiplyar; **7 un.** Vitali Michkou; **10 (1) li.** studioloco; **10 (2) li.** Valua Vitaly; **10 (3) li.** Valua Vitaly; **10 (4) li.** lanych; **11 (3) li.** epiximages; **(3) re.** PEPPERSMINT; **15 (11) ob.** Savicic; **16 (11) un.** Veja; **20 (6) un.** Iakov Filimonov; **20 (6) ob.** Ollyy (Junge); **23 (2)** Africa Studio (Ohr); **23 (2)** Andrey Arkusha (Junge); **23 (2)** Rene Jansa (Bein); **23 (2)** SergiyN (Mädchen); **23 (2)** vvoe (Hand); **25 (6)** VaLiza (Anna); **26 (8) ob.** Gemenacom (Mädchen); **26 (8) un.** LightField Studios; **32 (7)** Kues (Junge); **32 (7)** raysay (Mädchen re.); **32 (7)** shipfactory (Mädchern li.); **35 (4)** alenka2194 (2); **35 (4)** Allsop (1); **35 (4)** Andrii Horulko (4); **35 (4)** Sandra van der Steen (6); **35 (4)** Valery121283 (3); **35 (4)** Yellowj (5); **38 (8) ob. re.** Andrea Slatter; **38 (8) un.** Preto Perola (Kirschen); **38 (8) un.** slon1971; **40 (2)** gourmetphotography (Lutscher); **40 (2)** azure1 (Käse); **40 (2)** gephoto (Marmelade); **40 (2)** Hurst Photo (Butter); **40 (2)** Konstantin Gushcha (Kuchen); **40 (2)** pukach (Cola); **40 (2)** Slawomir Zelasko (Saft); **40 (2)** zcw (Wurst); **41 (3)** monticello (Apfel); **41 (3)** pukach (Cola); **47 (8.) un. li.** bonzodog; **50 (4)** Clint Hardin jr (Hintergrund); **50 (4)** kuban_girl (Katze); **50 (4)** Levent Konuk (Hase); **51 (5)** Iakov Filimonov (Nora); **51 (5)** Kiselev Andrey Valerevich (Jakob); **51 (5)** NataSnow (Anna); **51 (5)** oliveromg (Paul); **52 (7) un.** Heder Zambrano (Junge); **52 (7) un.** Jeka (Mädchen); **53 (9)** Anna Aibetova (Hund); **53 (9)** Okssi (Katze); **53 (9)** smereka (Pferd); **57 (9)** Jeka (Junge); **57 (9)** Jeka (Mädchen).

stock.adobe.com: 40 (2) rdnzl (Milch).

Cover: Cornelsen: Lidia Głazewska-Danko, Józefów (Bruno als Teddy); Kristina Klotz,München (Karos); **Shutterstock:** Pressmaster (Kinder).